Die PFÖTCHEN-KITA

Die PFÖTCHEN-KITA

von Miriam Mann

Mit Illustrationen von Pina Gertenbach

CARLSEN

INHALTSVERZEICHNIS

FRAU BLUMS
PFÖTCHEN- UND FLOSSENKITA

Am Ende des Trampelpfads muss man links abbiegen. Danach geht es vorbei an der alten dicken Eiche mit den knorrigen Ästen, einmal oder zweimal um den kleinen Gartenteich herum, ganz wie man möchte, dann mitten über die große wilde Wiese – querfeldein sozusagen – bis hin zum quietschenden Holzgatter.

Von hier aus sind es nur noch ein paar Schritte und dann ist man schon da: an der großen Scheune, deren eine Wand ganz und gar mit Efeu bewachsen ist. Auf der anderen Seite rankt ein riesiger Rosenbusch empor, der hat so viele Blüten, dass ihr Duft im Sommer schon von Weitem zu riechen ist. So zugewachsen ist das Gebäude, dass die bunten Buchstaben über der Eingangstür kaum zu erkennen sind. Doch wer genau hinsieht und wer außerdem schon lesen kann, der liest dort: Frau Blums Pfötchen- und Flossenkita.

LINKS MIT BEULE

Der Montag, fand Rosalie, war ganz klar und eindeutig der beste Tag der Woche. Montags hatte man nicht nur die ganze Kindergartenwoche vor sich. Nein, am Montagmorgen gab es im Kindergarten auch einen Morgenkreis und alle durften erzählen, was sie am Wochenende so erlebt hatten.

Und an diesem Montag wollte Rosalie unbedingt erzählen!

Kaum saßen alle Kinder im Kreis, schoss sie in die Höhe und hüpfte wie ein langhaariger Flummi auf und ab. Denn Hüpfen spielte eine ziemlich große Rolle in ihrer Geschichte.

Rosalie musste nämlich jeden Sonntag ihre Eltern wecken. Die wollten an den Wochenenden selt-

samerweise immer ganz lange schlafen. Und weil ihre Eltern an diesem Sonntag ganz besonders und ziemlich hartnäckig einfach weiterschliefen, musste Rosalie ganz besonders und ziemlich hartnäckig auf den elterlichen Kopfkissen herumhüpfen, bis sie endlich wach waren. Dabei hopste sie allerdings gegen den Dachbalken und holte sich eine Beule über dem linken Auge.

„Ahaaa", staunten die anderen, als Rosalie ihnen die Beule zeigte, die halb so groß wie eine kleine Glasmurmel war und ganz schön beeindruckend aussah.

„Das ist mein linkes Auge", erklärte Rosalie und deutete auf die Beule. „Jetzt weiß ich immer ganz genau, wo links ist!" Sie

zwinkerte wie wild mit dem Beulenauge und fügte hinzu: „Und weil ich weiß, wo links ist, weiß ich auch, wo rechts ist!" Sie zwinkerte wie wild mit rechts.

Alle machten: „Ohooo!", und blickten Rosalie mit großen Augen bewundernd an.

Günter überlegte sofort, ob er sich nicht auch so eine praktische Beule anschaffen sollte, Flitsch blubberte Riesenblasen in ihrem Goldfischglas und Moritz hatte sogar aufgehört auf seinem Heu herumzukauen.

Doch gerade als Rosalie ihr neues Wissen vorführen wollte, da öffnete sich die Kindergartentür.

Alle drehten sich um und betrachteten neugierig ein kleines Schwein mit Punkten im Fell, das sich schüchtern umschaute. „Das ist Chips", erklärte Frau Blum, die Kindergärtnerin. „Heute ist sein erster Tag bei uns in der Pfötchen-Kita."

„Pffff", machte Rosalie, als sich alle um Chips scharten, ihn ausfragten und sie mit ihrer linken Beule links liegen ließen.

„Wo kommst du her?", fragte Günter.

„Magst du Heuknödel?", wollte Moritz wissen.

„Kannst du schwimmen?", blubberte Flitsch wie immer so leise, dass man sie kaum verstehen konnte.

„Hast du auch auf dem Hintern Punkte?", erkundigte sich Rosalie, als sie merkte, dass sich keiner mehr für sie interessierte. Aber weil alle vor ihr standen, konnte der Neue sie weder hören noch sehen. Also machte Rosalie ein paar Schritte rückwärts, nahm Anlauf und sprang, so hoch sie konnte. „Hast du …", begann sie noch im Flug zu rufen, da polterte sie – rrrrums – gegen das Tischbein. Sofort spürte Rosalie einen stechenden Schmerz über ihrem rechten Auge.

Der Tisch wackelte gefährlich, der kleine Tuschkasten kam ins Rutschen – und plumpste direkt in Flitschs Goldfischglas. Das Letzte, was Rosalie vom kleinen Goldfisch sah, waren ihre erschrocken aufgerissenen Augen, bevor sich das Wasser kunterbunt verfärbte.

„O nein, nein, nein, nein, nein!" Rosalie schien plötzlich vor Schreck wie festgeklebt. „Das wollte ich nicht! Das wollte ich wirklich nicht!"

„Coole Farben!", fand Günter, der als Chamäleon bekanntlich ein Farbenexperte war.

Chips wusste nicht, was er sagen sollte, aber er vergoss auf Anhieb eine Träne des Mitleids.

Nur Moritz war heute schnell und schob seinen Wassertrog neben das Goldfischglas. Und endlich kam wieder Bewegung in Rosalie. Mithilfe von Frau Blum wurde Flitsch vorübergehend in Moritz' Wassertrog verfrachtet, das verfärbte Wasser in den Abfluss gegossen und allseits tief durchgeatmet.

Und nach drei tiefen Atemzügen hatte Rosalie eine Idee.

Sie würde es wiedergutmachen und neues Teichwasser für Flitsch holen. Und sie würde Chips mitnehmen. Dann konnte sie gleich mehrere Fliegen mit einer Klappe schlagen. Rosalie hatte nämlich furchtbare Angst vor Wasser, und wenn sie mit

Chips unterwegs war, konnte er das Wasserholen übernehmen. Außerdem würde sie Chips ganz für sich allein haben, um ihn auszufragen. Und sie konnte endlich ihr Beulenwissen ausprobieren. Flitsch wohnte Am linken Ufer Nr. 17. Das hatte Rosalie sich gemerkt, weil sie im Kindergarten regelmäßig ihre Adressen übten. Sie mussten also nur immer nach links gehen.

Als alle anderen sich um den Wassertrog drängten, um Flitsch zu trösten, schnappte Rosalie sich schnell den Eimer aus dem Schrank und bugsierte Chips, der gar nicht wusste, wie ihm geschah, aus der Kita hinaus, durch das Holzgatter und auf die wilde Wiese dahinter.

Die Wiese war genau so, wie sie hieß: wild. Das Gras stand sehr hoch und deswegen konnten die beiden im dichten Gestrüpp nur bis zu ihren Vorderpfoten gucken. Rosalie war das egal. Sie mussten ja nur nach links. Das war ihr klar.

Chips war es nicht egal. Er protestierte, den Tränen nahe:
„Was machen wir hier? Lass uns doch bitte ganz schnell wieder
zurückgehen."

Rosalie schüttelte energisch den Kopf. „Ich kenn den Weg.
Wir müssen uns nur links halten."

Mit den Pfoten tastete Rosalie ihre
Stirn ab. Aber halt. Jetzt prangten da ja
plötzlich *zwei* halbglasmurmelgroße
Beulen, eine über jedem Auge. Wo
war denn nun links? Die neue Beule
musste doch eigentlich mehr wehtun.
Unentschlossen drückte sie so lange auf
den Beulen herum, bis beide genau gleich weh-
taten. Rosalie wusste nicht weiter.

Währenddessen wurde es Chips im hohen Gras immer
unheimlicher. Tränen stiegen ihm in die Augen und er schlich
ein paar Schritte rückwärts. Dann drehte er sich um und versuchte dahin zurückzurennen, wo sie hergekommen waren.

„He!", rief Rosalie, kurz von ihrem Beulenproblem abgelenkt.
„Du hast ja wirklich Punkte auf dem Hintern. Aber nur auf
einer Seite!"

Chips blieb stehen. „Links habe ich ganz viele Punkte, sagt
Mama immer. Ich kann sie nur von hier vorne nicht sehen."

„Aber ich kann sie ganz genau erkennen!", jauchzte Rosalie. „Wir müssen immer nur Richtung Popopunkte!"

Also ging Chips vor und das Meerschweinmädchen behielt die Punkte fest im Blick. Und tatsächlich – schon ein paar Schritte weiter sahen sie durch das hohe Gras den Gartenteich wie silberne Fischschuppen im Sonnenlicht schimmern.

Etwas anderes funkelte ihnen kurz darauf allerdings auch entgegen, als sie mit dem Eimer voller Teichwasser wieder in die Pfötchen-Kita kamen. Es waren Frau Blums Augen, die sie streng und besorgt und erleichtert zugleich anblickten. Zerknirscht erzählten die beiden von ihrem Abenteuer.

Aber während Frau Blum ihnen lang und breit erklärte, dass sie niemals wieder einfach alleine weglaufen durften, zwinkerte Rosalie Chips glücklich zu.

Denn mit Chips an ihrer Seite, würde sie nun immer wissen, wo links war. Und wer wusste wo links war, der wusste auch, wo rechts war. So ein Freund, fand Rosalie, war wirklich sehr, sehr praktisch.

UNSICHTBARE FREUNDE

Draußen strömte der Regen vom Himmel herab. Das klang ungefähr so:

Schhhhhhhhhhhhhhhh-schhhhhhhhhhhhh-schhhhhhhhhhhhh.

Alle standen am Fenster der Kita, gegen das Tausende Regentropfen ploppediploppten, und schauten hinaus.

„Der Regen klingt ein bisschen wie Meeresrauschen", meinte Günter nach einer Weile und nickte wissend, denn er war in den letzten Sommerferien ans Meer gereist und kannte sich aus.

Kaum hatte Rosalie das Wort „Meer" gehört, rannte sie zur Verkleidungskiste, schnappte sich Säbel und Augenklappe und sagte bestimmt: „Ich bin die große Piratenkönigin Piranha! Der Schrecken aller Weltmeere!" – denn welche Piratenkönigin hieß schon Rosalie? „Und ihr seid jetzt meine Mannschaft und baut mir ein Schiff, heyo!"

Alle halfen mit. Sogar Flitsch flitzte so wild in ihrem Gold-fischglas herum, dass das Wasser über den Rand schwappte. Sie blubberte ein Piratenlied, aber niemand konnte so richtig verstehen, welches sie sang. Bestimmt fühlte sie sich wie im großen, weiten Ozean.

Günter, nun ganz in bunt, war der Piratenpapagei. Er hing oben im Ausguck und hatte den Überblick.

„Alle Mann an Deck", befahl Rosalie, als das letzte Segel gehisst war.

„Ahoi", rief Chips. Und gleich noch einmal „Ahoi", denn das war das einzige Wort, das er auf Seemännisch kannte. Beim dritten Ahoi kletterte er an Bord. Dabei streifte sein rundes Hinterteil leider die wackelige Reling und mit einem lauten Kracks brach sie ab und polterte zu Boden. Die Schiffsplanken fielen in sich zusammen und die Masten knickten wie Heuhalme zur Seite. Zum Schluss schwebten die beiden Segel herab und deckten das Schiffswrack zu.

Rosalie heulte auf. „Alles machst du kaputt mit deinem dicken Hintern."

Chips stimmte in ihr Geheul mit ein, allerdings waren seine Tränen keine Wutränen, sondern Es-tut-mir-so-leid-Tränen. Aber das war Rosalie egal. Sie funkelte Chips böse an und sagte: „Du bist kein echter Pirat und darfst nicht mehr mitspielen."

So eine Gemeinheit, fanden Moritz, Günter und Flitsch. Sie streckten Rosalie die Zungen raus und gesellten sich zu Chips, der sich traurig in eine Ecke gesetzt hatte.

Rosalie stellte das Segel wieder auf und reckte den Säbel, aber leider hatte eine Piratenkapitänin ohne Mannschaft niemanden, dem sie Befehle geben konnte. Und schon nach drei Sekunden schielte Rosalie zu den anderen hinüber.

Chips weinte nicht mehr. Nein, er lachte! Günter kicherte und Flitsch gluckerte. Gemeinsam saßen sie da und sprachen mit der Ecke. Der leeren Ecke!

Rosalie hielt es nicht mehr aus. „Mit wem redet ihr da?",
fragte sie.

„Mit Elfriede", sagte Chips. „Das ist meine neue Freundin.
Sie ist unsichtbar."

„Und nett", fügte Günter vielsagend hinzu.

Flitsch wippte mit ihrem Köpfchen zustimmend auf und ab.
Nur Moritz schenkte Rosalie ein kurzes Lächeln, aber dann
wandte er ihr schnell wieder den Hintern zu.

„Darf ich mitmachen?", fragte Rosalie trotzdem sofort.

„Nein", sagte Günter und auch Chips schüttelte den Kopf,

Hans-Peter

wenn auch nur ein kleines bisschen und ohne Rosalie dabei so richtig anzugucken. Denn eigentlich war sie ja seine beste Freundin.

„Pah!", schnaufte Rosalie. „Was ihr könnt, das kann ich schon lange."

Sie setzte sich in die gegenüberliegende Ecke und dachte sich Hans-Peter aus. Hans-Peter war lieb und lustig und machte alles, was sie sagte. Und als sie gemeinsam ein Lied sangen und Rosalie sich dabei vor Lachen kringelte – denn Hans-Peter sang ziemlich schief –, da standen die anderen plötzlich neben ihr.

„Was machst du da?", fragte Chips.

„Ich spiele mit meinem neuen Freund Hans-Peter", erwiderte Rosalie und zeigte nach oben in die Luft. Denn Hans-Peter war mindestens so groß wie Chips und in Rosalies Vorstellung sah er auch fast genauso aus.

Chips überlegte einen Augenblick, dann beugte er sich herunter, denn seine unsichtbare Freundin war in seinen Gedanken so klein wie Rosalie und sah ihr außerdem erstaunlich ähnlich.

„Elfriede sagt, dass Hans-Peter ihr bester Freund ist", murmelte Chips.

Rosalie machte den Mund auf und wollte gerade etwas Gemeines erwidern. Und zwar: „Das stimmt ja gar nicht. Hans-Peter ist *mein* bester Freund." Aber als sie Chips lächeln sah, da sagte sie das nicht. Da sagte sie etwas ganz anderes. Nämlich: „So wie wir beide, Chips."

Chips antwortete nicht sofort und Rosalie flüsterte: „Oder?"

„Na klar", meinte Chips dann endlich und Rosalies Schnurr-haare zitterten vor Freude. „So wie wir!"

DER DOPPELTE GEBURTSTAG

Rosalie hatte gern Geburtstag. An Geburtstagen durfte sie nämlich schon zum Frühstück Karottenkuchen mit Petersilienstreuseln essen, sie konnte den ganzen Tag ihre Geburtstagskrone mit den Löwenzahnblüten tragen und war damit nicht nur die Größte in der Familie, sondern auch der total absolute Mittelpunkt. Nun, das war sie an normalen Tagen zwar auch meistens, aber an den Geburtstagen war sie es doppelt und dreifach so gern. Es mussten nämlich alle machen, was sie sagte. Sogar Mama. Und das war das Allerbeste.

Die Verwandtschaft kam von überallher angereist, auch die etwas seltsamen, murmelnden Cousinen aus den Bergen, und brachte Geschenke mit. Die Geschenke aus den Bergen waren zwar ein bisschen komisch, aber das war Rosalie egal. Geschenk war Geschenk und alle Geschenke waren nur für sie ganz allein.

In diesem Jahr fiel Rosalies Geburtstag auf einen Sonntag.

Das war toll, weil alle Zeit für sie hatten. Am tollsten aber war, dass sie ihren Geburtstag dann am Montag gleich noch einmal feiern konnte. Und zwar im Kindergarten. Dort wurde nämlich jeder Wochenend- und Feriengeburtstag mit der ganzen Gruppe zusammen nachgefeiert.

Deshalb hüpfte Rosalie nach dem Wochenende kichernd und mit wippendem Schnurrhaar in die Kita. Sie war so aufgeregt, dass sie sogar fast ihre Angst vor dem Teich mit dem vielen Wasser vergessen hätte. Aber nur fast. Gerade noch rechtzeitig fiel es ihr wieder ein und sie hörte kurz auf zu kichern, hastete, so schnell es ging, am Gartenteich vorbei und guckte ihn dabei böse an.

Dann stürmte sie durch das Eingangstor und schnupperte begeistert. Denn auch im Kindergarten gab es Geburtstags-kuchen zum Frühstück! „Hihihi", kicherte Rosalie vor Freude. Bestimmt hatte Frau Blum auch schon die Geburtstagskrone herausgesucht. Und alle mussten heute das spielen, was Rosalie wollte. Sogar Günter!

Lachend hüpfte Rosalie um die Ecke – und blieb wie ange-wurzelt stehen. Was war denn das? Wieso saß Chips mit ihrer Geburtstagskrone auf dem Kopf am Tisch und hielt ihr Geschenk in den Klauen?

„He!", rief sie empört. „Ich bin das Geburtstagskind und das ist mein Geschenk."

„Dein Geschenk ist da drüben", sagte Chips und deutete auf den Platz am anderen Ende des Tisches.

Er hatte recht, dort war ein weiterer Geburtstagsplatz vorbereitet. Ein Geschenk und ein hoher, bunter Geburtstagshut standen neben ihrem Lieblingsteller.

„Aber wieso feiern wir heute deinen Geburtstag?", wollte Rosalie wissen, die es überhaupt nicht gut fand, dass sie ihren großen Tag teilen sollte.

„Weil ich heute Geburtstag habe", sagte Chips und lächelte glücklich.

Rosalie antwortete nicht. Etwas widerwillig setzte sie sich an ihren Platz. War Chips' Geburtstagskrone nicht viel schöner als ihre, viel bunter und größer

mit viel mehr Zacken? Und auf seinem Teller lag mindestens eine Petersilienpraline mehr als auf ihrem. Rosalie pustete sich ihren langen Pony aus dem Gesicht und ihr Schnurrhaar zitterte verdächtig. Aber nicht vor Lachen. Tatsächlich schniefte sie sogar einmal kurz. Ihr kam nämlich ein Gedanke, und der gefiel ihr ganz und gar nicht: War Chips' Geburtstag nicht vielleicht echter als ihrer? Weil der ja heute war und nicht schon vor einem Tag?

Schlagartig hatte Rosalie schlechte Laune.

Deswegen sang sie auch nicht mit, als alle Happy Bürste schmetterten, nicht für sich und nicht für Chips. Rosalie war zu enttäuscht, um daran zu denken, dass Chips ja eigentlich ihr bester Freund war.

Das Beste-Freunde-Ding fiel ihr auch noch nicht wieder ein, als die Geburtstagskinder den Kuchen anschneiden durften.

Sie machte sich dabei so dick, dass Chips fast keine Chance hatte, in die Nähe des Schokoladenkuchens zu kommen. Obwohl er mindestens dreimal so groß war wie Rosalie, schaffte er es nur, eine winzige Ecke abzuschneiden.

Sie hatte es sogar immer noch vergessen, als die Geburtstagskinder sich ihre Lieblingsspiele aussuchen durften. Rosalie schrie ihre Wünsche so laut in die Runde, dass nur Günter, der bei Chips auf der Schulter saß, hören konnte, was Chips sagte. Zum Glück hatten die beiden Geburtstagskinder fast die gleichen Spielideen.

Und nach einer Runde Tier ärgere dich nicht,

zwei Runden Sackhoppeln

und dreieinhalb Runden
Blinderfisch war es Zeit,
die Geschenke
zu öffnen.

Alle Kinder versammelten sich um Rosalie und Chips und die beiden rissen das Geschenkpapier auf.

Entzückt entdeckte Rosalie einen kunterbunt glitzernden Sonnenhut mit einer Piratenflagge darauf. Sie setzte sich ihren neuen Hut auf und wusste, dass sie jetzt eine echte Piratenkönigin war. Neugierig schielte sie zu Chips hinüber.

Der betrachtete das kleine Segelschiff, das er ausgepackt hatte, und lächelte schief. Seine Augen glänzten.

Nur Rosalie bemerkte, dass sein Lächeln ganz falsch wirkte und der Glanz in seinen Augen Tränen waren.

Zum Glück fiel ihr genau in diesem Moment wieder ein, dass Chips ihr bester Freund war.

Sie nahm den Hut vom Kopf und hielt ihn Chips hin. „Für dich", sagte sie, denn sie wusste, wie sehr Chips Hüte liebte.

Chips blickte auf, sein Lächeln wurde ganz gerade. „Tauschen?", fragte er.

„Tauschen!" Rosalie nickte und malte schnell einen Piratentotenkopf auf das Segel.

DIE ÜBERNACHTUNG

Es war dunkel. So dunkel, dass Rosalie gar nichts sehen konnte. Absolut rein gar nichts. Wie ungewohnt das war! Normalerweise schlief sie nämlich schon, wenn es so richtig dunkel wurde. Ganz fest an Mamas Fell gekuschelt, wo sie sich warm und weich und sicher fühlte.

Aber heute war Mama weit weg. Denn heute war Kitaübernachtung und neben ihr lag Chips, der zwar warm, aber nicht besonders weich war und kuschelig schon gar nicht, denn sein borstiges Fell kratzte. Außerdem schnarchte er.

Rosalie wälzte sich ein paarmal hin und her und wieder hin und merkte, wie langsam die Angst in ihr Herz schlich. Es fing nämlich an immer schneller und dann auch noch immer lauter zu schlagen. Irgendwann übertönte es sogar das Geschnarche von Chips.

TOK TOK TOK TOK TOK TOK TOK TOK TOK TOK TOK

KRRRR RRR RRR

BLUBB BLUBB BLUBB

Aber trotz Herzschlag und Schnarchkonzert hörte sie noch ganz viele andere Geräusche: ein Knarren irgendwo über ihr an der Decke, ein seltsames Blubbern auf der rechten Seite, ein Schnaufen in der Dunkelheit. Und waren das da – tiptaptiptaptiptap – direkt neben ihr etwa Schritte?

„AH!"

Rosalie schrie erschrocken auf, als zwei grüne Punkte über ihr aufleuchteten. Fast wäre sie aufgesprungen und zur Tür gerannt, aber dann erkannte sie zum Glück, dass es Frau Blums Augen waren, die auf sie herabblickten. Die Katzenaugen ihrer Erzieherin glitzerten in der Dunkelheit. Aber sie sahen überhaupt nicht zum Fürchten aus, sondern lieb und nett und angenehm hell.

„Kannst du nicht schlafen?", fragte Frau Blum sanft.

Rosalie schüttelte den Kopf und wisperte: „Es ist zu dunkel." Dass sie sich vor Angst gerade fast ins Fell gemacht hatte, das sagte sie nicht.

„Deine Augen gewöhnen sich bestimmt gleich an die Dunkelheit und dann kannst du ein bisschen mehr erkennen. Aber

eigentlich sollst du sie ja zumachen und schlafen", sagte Frau Blum und fügte ein leises „Gute Nacht" hinzu.

Frau Blum hatte recht. Nach einer Weile konnte Rosalie tatsächlich ein paar Umrisse erkennen. So sah sie Frau Blum auf einen Deckenbalken klettern, sich dort zusammenrollen und die Augen schließen.

Rosalie wollte es ihr nachtun – also die Augen schließen, nicht auf einen Deckenbalken klettern –, als sie Günter entdeckte. Der schlief auf einer Lampe, die immer wieder leicht quietschend hin und her schaukelte, wenn er sich im Schlaf bewegte. Leider

hing die Lampe direkt über Rosalie an der Decke. Was wäre, wenn Günter vom glatten Lampenschirm rutschte und plötzlich auf sie fiel?

Rosalie rückte ein bisschen zur Seite. Aber jetzt spürte sie Chips nicht mehr. So konnte sie einfach nicht einschlafen. Also drehte sie sich und drehte sich und drehte sich noch mal, bis sie einen Drehwurm hatte. Ihr war so schwindelig, dass sie sich aufsetzen musste.

Und da sah Rosalie ihn, den großen, mehrarmigen Schatten in der Ecke. Sofort po-po-po-pochte ihr Herz wieder los.

Zitternd vor Angst schmiegte sie sich erneut ganz eng an Chips. Es war ihr total egal, dass seine Borsten so scheuerten.

„Chips?", wisperte sie und stupste ihn mit ihrem Ellenbogen in die Seite, als er einfach nicht aufwachen wollte. „Bist du wach?"

„Was ist los?", murmelte er schlaftrunken und öffnete mühsam die Augen. „Ich kann nichts sehen."

„Deine Augen gewöhnen sich gleich an die Dunkelheit", wusste Rosalie. Und als sie sah, dass seine Augen schon wieder zufielen, fügte sie noch schnell hinzu: „Hast du Lust, was zu spielen? Du weißt schon, weil wir ja beide nicht schlafen können."

Chips grunzte und rollte sich auf die andere Seite. Rasch huschte Rosalie um ihn herum, während sie verstohlen zu dem mehrarmigen Schatten in der Ecke schielte. Hatten sich die Arme eben etwa bewegt?

„Komm, Chips", sagte sie. „Wir spielen Entdecker."

„Was entdecken wir denn?", fragte Chips, der seine Augen nun doch langsam wieder öffnete.

„Das da", wisperte Rosalie und zeigte auf das Schatten-monster.

Rosalie schubste den immer noch verschlafenen Chips in Richtung Ecke und kroch geduckt hinter ihm her.

„W-Was ist das?", stammelte Chips, der endlich ein bisschen was erkennen konnte und sich sofort daran erinnerte, dass er im Dunkeln Angst hatte – besonders vor mehrarmigen Schatten- monstern in unheimlichen Ecken.

„Das wollen wir ja rausfinden." Rosalie schob Chips weiter.

Sicherheitshalber blieb sie hinter ihm. So ein mehrarmiges Schattenmonster war bestimmt sehr gefährlich.

Wie recht sie hatte! Denn schon im nächsten Moment ertönte ein gruseliges Geheule.

Rosalie umklammerte Chips' Hinterbein und merkte, dass Chips zitterte. Und sie merkte noch etwas: Das Heulen kam von ihm. Dicke Tränen kullerten an seiner Schnauze vorbei auf den Kindergartenfußboden. Vor seinen Klauen bildete sich eine rich- tige Tränenpfütze.

„Ich will nichts entdecken", schniefte er.

„Doch, willst du", widersprach Rosalie. „Richtige Entdecker haben keine Angst! So wie ich." Das war natürlich gelogen. Und am liebsten hätte Rosalie zugegeben, dass sie gar nicht mutig war und fürchterliche Furcht hatte. Aber sie konnte sich jetzt auch nicht einfach wieder hinlegen und so tun, als würde das Schattenmonster nicht in der Ecke lauern.

Mittlerweile bebte nicht mehr nur Chips' Hinterbein, nein, das Zittern hatte seinen Bauch, seinen Hintern, seinen Rücken

und sogar seine Ohren erreicht. Und weil er so zitterte, konnte er nicht mehr weiterlaufen.

Da fing Rosalie auch an zu zittern. Denn Zittern war mindestens so ansteckend wie Gähnen und Angst und Schnupfen.

So kann es nicht weitergehen, dachte Rosalie. Was machen wir, wenn Chips mit seinen Tränen den ganzen Kindergarten überflutet?

Sie flitzte zur Verkleidungskiste, schnappte sich das Plastikschwert und kroch auf das Monster zu. „Heyo!", wisperte sie in seine Richtung. „Du machst mir keine Angst."

Und dann fing sie an zu kichern.

„Wieso lachst du denn?", fragte Chips und schlitterte über den tränennassen Boden zu ihr herüber.

Rosalie deutete auf das mehrarmige Monster, das eigentlich nur der Blumenstrauß war, den sie vorhin gemeinsam auf der Wiese gepflückt hatten. Zwischen den Blumen steckten auch die vielen Äste, von denen Günter behauptet hatte, dass sie in jeden ordentlichen Blumenstrauß gehörten. Der Schatten sah aber gar nicht blumig, sondern richtig monstermäßig aus.

Zum Glück waren nicht nur Angst und Zittern und Schnupfen und Gähnen ansteckend. Auch Lachen konnte man am besten zu zweit. So lachten die beiden Entdecker lang und erleichtert, bis sie ganz müde einschliefen.

Mit einem Lächeln im Gesicht schliefen sie dort noch am nächsten Morgen, als alle anderen schon längst gefrühstückt hatten und auf der Wiese einen zweiten Blumenstrauß pflückten.

DER BESUCH
BEI FLITSCH

Jeden Morgen übten die Kinder der Pfötchen-Kita ihre Adressen. Schließlich ist es gar nicht so unwichtig zu wissen, wo man wohnt. Denn so findet man immer wieder nach Hause zurück.

Und irgendwann kannten sie die Adressen von allen Kindern in der Gruppe auswendig. Da hatte Frau Blum gesagt: „Ich glaube, wir sind bereit für eine Runde Zuhause-Ausflüge."

Zuerst waren sie bei Günter zu Besuch. Da Günter aber mit seiner Chamäleonfamilie auf einem Baum wohnte und Frau Blum als Einzige so richtig klettern konnte, sahen Rosalie und die anderen von unten eigentlich nur ein Meer aus Blättern und Ästen. So mussten sie Günter einfach glauben, als er behauptete, sein Zimmer hätte einen eigenen Whirlpool mit Sauna, eine Kinoleinwand und einen Fußballplatz.

Der Besuch bei Moritz im Stall war schon besser gewesen. Da musste man nirgendwo raufklettern und Rosalie fühlte sich im Heu fast wie zu Hause. Nur die riesigen Hufe von Moritz' Eltern, die überall herumtrampelten, störten ein bisschen. Es fühlte sich fast so an wie ein Hindernislauf und Chips musste vor lauter Aufregung die ganze Zeit pupsen. Aber das hatte zum Glück keiner gemerkt.

Bei Chips im Schweinestall war Rosalie schon zweimal vorher zu Besuch gewesen, denn schließlich war Chips ihr bester Freund. Und deswegen konnte sie alle anderen herumführen, ganz so, als wäre es ihr eigenes Zuhause. Eigentlich hätte Chips gar nicht dabei sein müssen!

Und heute war Flitsch dran. Wiederwillig ging Rosalie als Letzte durch das Holzgatter, trödelte über die Wiese und trippelte zweimal um die Eiche herum. An dieser Stelle konnte sie einfach nicht weitergehen. Sie konnte nur stehen bleiben und ängstlich auf das glitzernde Wasser des kleinen Teichs vor ihr starren. Rosalie hatte nämlich ein Geheimnis. Sie mochte kein Wasser. Sie hatte sogar richtig große Angst davor.

„Weiter geht's, Rosalie", sagte Frau Blum.

„Piranha", murmelte Rosalie so leise, dass es keiner hören konnte. Denn sie hatte sich kurzerhand dazu entschlossen, in diesem Augenblick lieber die weltberühmte Piratenkönigin

Piranha zu sein, die keine Angst vor Wasser hatte und stunden-
lang auf eingebildeten Ozeanen herumsegeln konnte. Rosalie,
das Meerschwein, fand so viel echtes Wasser auf einem Fleck
nämlich einfach unheimlich.

Nicht dass sie das zugegeben hätte.

Niemals!

Nicht einmal Chips, ihr bester Freund, wusste davon.

Alle standen vor dem glitzernden, flüssigen Zeug und Chips
drehte sich zu ihr um. Rosalies Herz rutschte ihr ganz tief unten
ins Fell.

Flitsch blubberte aufgeregt: „Mama, Papa, das sind meine
Freunde! Und da unten wohne ich." Sie deutete mit der Flosse
erst auf die Kitakinder und dann auf eine Stelle im Teich.
Dorthin, wo ihre Eltern zur Begrüßung die Köpfe aus dem
Wasser streckten.

Die Kinder liefen zum Ufer hinab und stellten sich mit ihren Hufen und Klauen und Krallen ins Wasser. Chips wälzte sich ein bisschen im Ufermatsch und Moritz trank ein paar Schlucke aus dem Teich, dabei passte er aber gut auf, damit er nicht aus Versehen einen der Fische verschluckte. Am meisten traute sich aber Günter, der heute so goldgelb eingefärbt war, dass er mit den Goldfischen um die Wette leuchten konnte. Er tauchte einmal ganz unter und berichtete danach allen, dass Flitschs Familie in den Schlafzimmern coole Hängematten aus Seetang hatte.

Rosalie hingegen machte lieber noch drei Schritte rückwärts. Weg vom Wasser. Leider bemerkten die anderen das sofort.

„Rosalie, wo willst du hin?", rief Chips.

„I-Ich habe g-ganz fürchterliches B-Bauchweh", stammelte

Rosalie und ihre Stimme klang ungewöhnlich heiser und leise. „Ich leg mich mal schnell da hinten ins Gras", wisperte sie noch.

„O nein", sagte Chips und seine Stirn legte sich sofort in Sorgenfalten. Er trottete zu Rosalie hinüber. Tröstend wollte er ihr mit seiner Vorderklaue über den Bauch streicheln, aber weil sie so matschig war, rückte Rosalie lieber beiseite und wisperte: „Ich habe gar kein Bauchweh, Chips. Ich will nur nicht ins Wasser."

Leider hatte Chips den Matsch aber nicht nur an den Klauen, sondern auch in den Ohren und konnte nichts hören. „Was?", fragte er also.

„Ich will nicht ins Wasser", wiederholte Rosalie lauter. Und weil sie jetzt so laut gerufen hatte, dass es alle hören konnten, drehte sich die ganze Gruppe zu ihr um. Rosalie wurde knallrot. Ihre Wangen glühten.

„Warum denn nicht?", wollten alle wissen und kamen zu ihr herüber.

„Ich dachte, du bist ein Meerschwein?", kicherte Günter. „Und kein Erdschwein."

Nur Flitsch blubberte nicht, sondern guckte höchstens ein bisschen traurig. Bestimmt nahm sie es persönlich, dass Rosalie ihr Zuhause nicht sehen wollte.

Rosalie zuckte mit den Schultern, denn auf diese Frage

wollte sie nun wirklich nicht antworten. Dafür rief Günter: „Du bist ein Angsthase, ach nee, ein Angstmeerschwein – hahaha!"

Rosalie schloss die Augen, aber vorher hatte sie schon die ungläubigen Blicke ihrer Freunde gesehen und wartete auf das Lachen. Doch es kam keins, nur ein weiteres kleines und ziemlich kurzes Kichern von Günter.

„Wir gehen zusammen", sagte Chips bestimmt. Heute war er der Mutige. Er streckte Rosalie erneut die matschige Klaue hin. Rosalie krallte sich daran fest und ließ sein Bein den ganzen Weg nicht los.

Am Wasserrand hielt Chips an und alle redeten Rosalie gut zu. Zaghaft und ängstlich streckte Rosalie ihre Pfote aus, irgendwie musste sie es jetzt ja tun, weil alle sie beobachteten.

„Ui!", kreischte sie schon im nächsten Moment ausgelassen und stolz, als sie die Wasseroberfläche berührte

„Du hast es geschafft!", rief Chips und alle klatschten. Nur Günter grinste. Aber nicht einmal er ärgerte Rosalie damit, dass sie das Wasser nur mit einer halben Zehenspitze berührt hatte.

Am wichtigsten war ja schließlich, dass sich die halbe Zehenspitze fast ein kleines bisschen nass anfühlte. Und das von echtem Wasser – heyo!

ES WAR EINMAL ...

Als die ersten Schneeflocken vom Himmel fielen und Moritz'
Haare überall herumlagen, weil er sein Sommerfell verlor,
wussten alle, dass es endlich Zeit für das große Pfötchenkita-
Winterfest war.

In diesem Jahr wollten die Kitakinder einmal etwas anderes
machen. Nicht einfach nur Karotten-Sellerie-Plätzchen essen,
„Ihr Tierelein kommet!" singen und Strohsterne aus Moritz'
Mittagessen basteln.

Günter schlug einen Schneeballweitwurfwettbewerb vor,
aber das fand Flitsch doof. Sie schlug Schlittschlaufen auf dem
und Eisschwimmen unter dem Gartenteich vor, aber das fand
Rosalie doof. Rosalie wollte lieber ein Piratenfest feiern, aber
das fanden alle anderen doof.

Sonst hatten sie leider keine gute Idee. Die Köpfe waren leer
gedacht. Und wenn ein Kopf so leer gedacht ist, dann wird er

müde. Also legten sich alle auf ihre Matten, um einen Mittagsschlaf zu machen.

Frau Blum holte das dicke Märchenbuch aus dem Regal und
las eine Geschichte vor.

In dem Moment plumpste Günter, der am Goldfischglasrand
gehangen hatte und sofort eingeschlafen war, zu Flitsch ins
Wasser. Flitsch blubberte aufgeregt, Günter sprang überrascht
und pudelwach sofort wieder hinaus und landete auf Chips'
Schnauze. Chips jaulte vor Schmerz und Rosalie schimpfte mit
Günter.

„Jetzt macht doch nicht so ein Theater", rief Frau Blum streng.

Rosalie hörte augenblicklich mit dem Schimpfen auf und rief: „Doch, das machen wir! Heyo! Wir machen Theater!"

„Wie echte Schauspieler! Wir spielen ein Märchen vor!", riefen alle anderen begeistert und der Mittagsschlaf war vergessen. Jeder hatte sofort eine Idee.

Chips grunzte was vom gestiefelten Kater. Er stolzierte durch den Raum, verbeugte sich immer wieder mit seinem neuen Federhut und rief: „Habe die Ehre!"

Günter hüpfte derweil laut kichernd und seltsamerweise ganz gestreift herum und krähte wie Rumpelstilzchen: „Ach, wie gut, dass niemand weiß …"

Flitsch blubberte einen Wasserstrudel, doch keiner verstand, was sie sagte. Aber wer genau hinsah, bemerkte, dass sie die Flossen über den Kopf hob und im Kreis tanzte wie eine Prinzessin auf dem großen Königsball.

Rosalie aber schrie am lautesten von allen. Sie reckte die Pfote mit ihrem unsichtbaren Säbel in die Höhe und rief: „Hier kommt die gefürchtete Piratin Piranha Schwarzzopf, heyo!"

Nur Moritz blieb ganz ruhig, schüttelte seine Mähne und fraß ein bisschen Heu.

Weil die Kinder sich aber gar nicht mehr beruhigen wollten, mussten sie – ab auf die Matten – doch noch ihren Mittagsschlaf halten.

Eine sehr lange halbe Stunde schliefen sie überhaupt und ganz und gar nicht. Das war alles viel zu aufregend! Und sobald Frau Blum ergeben nickte, malte jeder sein Lieblingsmärchen auf ein Blatt Papier und diese Bilder landeten im Lostopf.

Nur Rosalie brauchte etwas länger, weil sie erst mal eine ganze Weile beleidigt in die Luft starrte. Warum hatte bisher niemand ein Märchen über eine Piratin namens Schwarzzopf geschrieben?

Erst nachdem Frau Blum ihr zum dritten Mal das Inhaltsverzeichnis vom Märchenbuch vorgelesen hatte, entschied Rosalie sich für „Von einem, der auszog, das Fürchten zu lernen". Denn auch wenn das Märchen völlig piratenfrei war, klang es doch gruselig genug.

Als das Gewinnermärchen gezogen wurde, fiel die Wahl am Ende jedoch auf Dornröschen. Flitsch blubberte zufrieden in ihrem Goldfischglas.

Jetzt mussten nur noch die Rollen verteilt werden. Wer spielte wen? Schnell wurden auch hierfür Lose vorbereitet.

Rosalie zog das Dornröschen

und beschwerte sich sofort, dass sie auf keinen Fall hundert Jahre schlafen würde, das war viel zu langweilig. Chips hatte den Prinzen gezogen und war unglücklich, er wäre viel lieber eine Fee mit Zauberstab und Feenhut gewesen. Günter schmiss sein Los vor Wut sofort zurück in den Topf, bevor irgendwer herausfinden konnte, welche Rolle er überhaupt gezogen hatte.

Flitsch, die ihr Köpfchen aus dem Wasser gestreckt hatte, um ein Los zu ziehen, blubberte dies nun empört an, während es im Goldfischglas zu Boden sank.

Nur Moritz lächelte zufrieden. Er hatte wohl das große Los gezogen.

Alle anderen hätten am liebsten laut geschimpft. Aber weil sie Frau Blum versprochen hatten, nicht mehr zu streiten, guckten sie nur böse und ganz schön enttäuscht vor sich hin. Chips vergoss sogar ein paar Tränen.

„Chips?", fragte Rosalie. „Sollen wir unsere Rollen tauschen?

Dornröschen könnte doch auch einen Hut tragen. Oder eine Krone."

Chips willigte sofort ein. Leider hatte er vergessen zu erwähnen, dass er kurz vorher schon mit Flitsch getauscht hatte, und nun hatte Rosalie ein nasses Los und die Rolle der Fliege an der Wand.

Das wurde ja immer schlimmer!

Schnell suchte sie Günter und bot ihm die Fliegenrolle an. Dankend griff Günter sofort zu, denn vorher hatte er die der Fee, ausgerechnet auch noch die der bösen. Als Fliege an der Wand, da war er sich sicher, würde er die Rolle seines Lebens spielen. Oder nicht? Eine Weile versuchte er das Los dann doch wieder zurückzutauschen, aber Rosalie wollte davon nichts hören. Denn mittlerweile verhandelte sie schon längst mit Flitsch, die wiederum noch zweimal mit Chips hin- und hergetauscht hatte.

So ging das bis zur Obstpause am Nachmittag. Es wurde wild getauscht, diskutiert und gewechselt, bis alle den Überblick verloren hatten. Nur Moritz machte weiterhin einen zufriedenen Eindruck.

Dann begann die erste Probe.

Flitsch schwebte mit ausgestreckten Flossen und gespitzten Lippen an der Wasseroberfläche – sie war schließlich Dornröschen und wartete auf ihren Kuss. Chips, die Fee, rückte glücklich den spitzen Feenhut zurecht. Nur das mit dem Bösesein lag ihm nicht so ganz. Deswegen entschuldigte er sich auch immer wieder bei Dornröschen und versprach ihr, dass bald jemand kommen werde, um sie zu retten.

Günter klebte schwarz und regungslos an der Wand über dem Goldfischglas und bewegte sich nicht. Er war die perfekte Fliege an der Wand – so perfekt, dass er einschlief und nun als Einziger doch noch zu seinem Mittagsschlaf kam.

Und Rosalie? Sie spielte den Prinzen. Ein bisschen sah er aus wie ein Pirat, dieser Prinz, mit Augenklappe und Säbel. Aber das störte niemanden.

Und dann war es endlich Zeit für den Dornröschenkuss. Fast zu spät merkte Rosalie, dass sie sich dafür zu Flitsch ins Wasser beugen musste. Aber das kam gar nicht infrage.

Dornröschen blubberte schon ganz aufge-

regt, denn der Flugkuss von Rosalie reichte ihr nicht, um aufzu-
wachen. Zum Glück hatte Rosalie eine Idee. Sie küsste Flitsch
durch das Glas. Das war gut, so war die kühle und vor allem
sehr trockene Scheibe zwischen ihnen.

Und Moritz? Moritz wälzte sich im Heu, bis er schön dreckig
war. Dann stellte er sich vor das Goldfischglas.

Er war die Dornenhecke.

Frau Blum applaudierte und rief entzückt: „Das war tierisch
gut! Eure Eltern werden staunen."

© Blumrich

MIRIAM MANN wuchs in Norddeutschland und Südafrika auf, studierte anglistische und angewandte Linguistik in Berlin und Sydney und lebt heute mit ihrer Familie zwischen Berlin und Potsdam. Anders als Rosalie liebt sie das Wasser, besonders das Meer. Und manchmal wäre sie auch am liebsten eine echte Piratenkönigin, nur um einfach mal dem Horizont entgegenzusegeln.

© Alexandra Fragstein

PINA GERTENBACH hat an der Hochschule Mannheim Kommunikationsdesign studiert. Seither ist sie für Verlage und Agenturen als freiberufliche Illustratorin und Grafikdesignerin tätig. Sie lebt in Berlin und hat schon viele Tiere zum Leben erweckt, aber am liebsten zeichnet sie Frösche, Hunde, Krokodile und – seit Rosalie – auch Meerschweinchen.

© 2021 Carlsen Verlag GmbH, Völckersstraße 14–20, 22765 Hamburg
Text: Miriam Mann | Illustrationen: Pina Gertenbach | Lektorat: Katharina Eisele
Herstellung: Derya Yıldırım | Lithografie: Margit Dittes Media, Hamburg
ISBN 978-3-551-51940-5 | www.carlsen.de